성탄과 부활

가스펠 프로젝트
성탄과 부활

고학년

지은이 | LifeWay Kids
옮긴이 | 권혜신, 안윤경
감　수 | 김병훈

초판 발행 | 2019. 11. 18
2판 1쇄 발행 | 2024. 11. 1
등록번호 | 제1988-000080호
등록된 곳 | 서울특별시 용산구 서빙고로65길 38
발행처 | 사단법인 두란노서원
영업부 | 02) 2078-3333
　　　　FAX　080-749-3705
편집부 | 02) 2078-3437

활동연구 | 김찬숙 · 유은정 · 지민정 · 최은정 · 홍선아

책값은 뒤표지에 있습니다.
ISBN 978-89-531-4930-4 03230

홈페이지 | gospelproject.co.kr
두란노몰 | mall.duranno.com

The Gospel Project for Kids

is published quarterly by LifeWay Christian Resources,
One LifeWay Plaza, Nashville, TN 37234, Ben Mandrell,
President
© 2015, 2016, 2017, 2018 LifeWay Christian Resources
Translated and used by permission of LifeWay Christian
Resources
This Korean translation edition © 2019 by Duranno Ministry,
38, Seobinggo-ro 65-gil, Yongsan-gu, Seoul, Republic of Korea
Published by arrangement with LifeWay Christian Resources

본 저작물의 한국어판 저작권은 LifeWay Christian Resources와 독점 계약한
두란노서원에 있습니다.
신 저작권법에 의거하여 한국 내에서 보호를 받는 저작물이므로 무단 전재와
무단 복제를 금합니다.

차례

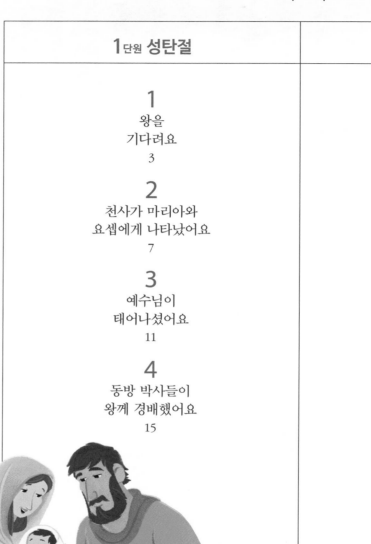

1 왕을 기다려요

주제 이사야는 이 땅에 오실 구세주에 관해 예언했어요.

유다 백성은 두려움에 떨었습니다. 그들의 왕 웃시야가 죽었기 때문입니다. 이제 아하스라는 악한 왕이 다스리게 되었고, 원수인 아시리아 사람들은 유다 백성을 멸망시키겠다고 위협했습니다. 하나님은 이사야 선지자를 보내 백성에게 희망의 메시지를 전하셨습니다.

이사야가 사람들에게 하나님의 계획을 알려 주었습니다. "왕이 오실 것입니다!"

이사야는 "이새의 가문에 왕이 오실 것입니다"라고 말했습니다. 이새는 다윗왕의 아버지였습니다. 하나님이 다윗의 가문에서 영원한 왕이 나올 것이라고 하신 약속을 지키실 것이라는 뜻이었습니다.

또 이사야는 "하나님의 영이 그분과 함께하실 것입니다. 그분은 지혜롭고 통찰력이 있으며, 하나님을 알고 경외할 것입니다"라고 말했습니다.

오실 왕은 언제나 옳은 일을 하실 것이라고 말했습니다.

이사야는 구세주가 평화를 가져올 것이라고 말했습니다. 그의 나라에서는 늑대가 어린양과 함께 살고, 표범이 새끼 염소와 함께 누우며, 송아지와 어린 사자가 함께 먹고, 어린아이가 그들을 이끌 것입니다. 암소와 곰이 함께 풀을 뜯고, 새끼들은 함께 뒹굴 것입니다. 사자가 소처럼 짚을 먹고, 어린아이들이 뱀이 있는 곳 옆에서 놀 것입니다. 하지만 아무도 다른 동물이나 사람을 해치거나 죽이지 않을 것입니다.

이 땅의 모든 사람이 주님을 알게 될 것입니다. 바다에 물이 가득하듯이 온 땅에 주님을 아는 지식이 가득할 것입니다.

이 왕은 여러 민족을 하나로 모을 것입니다. 모든 사람이 그분에게 나오고, 그분은 영광스럽게 다스리실 것입니다.

가스펠 링크

구약에서 이사야와 많은 선지자가 세상을 영원히 다스릴 왕이 오신다고 말했습니다. 예수님은 하나님이 보내겠다고 약속하신 왕입니다. 예수님은 이 모든 예언을 이루셨습니다.

나만의 기록장

선하고 완벽하신 왕은 어떤 모습일지 그려 보세요.
예수님이 다스리시는 완벽한 나라는 어떤 곳일까요?

기도 하나님은 완벽한 계획을 갖고 계십니다. 약속을 지키시는 하나님을 찬양합니다. 그리고 성경을 통해 하나님의 완벽한 계획을 읽고 깨닫게 해 주시니 감사합니다. 예수님을 통해 우리를 위한 계획을 이루어 가시는 하나님께만 영광 돌리고 예배드리게 도와주세요. 예수님의 이름으로 기도합니다. 아멘.

가족과 함께해요
• 예수님은 어떻게 이 예언들을 이루셨나요?
• 우리는 예수님이 어떤 예언들을 이루시기를 여전히 기다리고 있나요?
• 예수님이 다시 오셔서 영원히 다스리실 때를 생각하면 무엇이 가장 기대되나요?

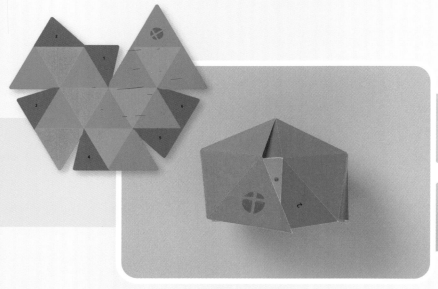

① 도형 도안(39쪽)을 떼어 선대로 접은후, 작은 삼각형을 번호에 맞춰 옆면에 이어 붙인다.

② '아기 예수님', '사자와 어린양', '부활하신 왕' 도안(37쪽)을 '이사야' 도안 뒷면의 제시선에 맞춰 풀칠해 붙인다.

③ 20cm 길이의 끈을 반으로 접어 끝부분을 묶는다. 도형의 구멍에 매듭의 반대쪽을 안에서 밖으로 통과시켜 고리를 만든다.

④ '이사야' 도안 밑면에 풀칠한 후 도형 도안의 가스펠 프로젝트 로고가 그려진 면 안쪽에 붙여 완성한다.

1B 이사야가 예언한 왕은?

이사야는 오실 왕에 관해 예언했어요. 29쪽의 부록을 통째로 찢은 후 안쪽 자르는 선을 따라 떼어 보세요. 어떤 글자가 나오나요?
29쪽의 구멍을 5쪽 위에 겹쳐 보세요. 그 왕은 누구인가요?

조각난 그림을 맞춰 봐!

이사야가 오실 왕에 관해 예언한 내용이 뒤죽박죽 섞여 있어요. 31쪽의 퍼즐 조각을 떼어낸 후 알맞게 붙여 그림을 완성해 보세요.

2 천사가 마리아와 요셉에게 나타났어요

마 1:18~24; 눅 1:26~56

주제 하나님이 예수님의 부모로 마리아와 요셉을 선택하셨어요.

어느 날 하나님은 가브리엘 천사를 마리아에게 보내셨습니다. 마리아는 다윗왕의 후손인 요셉과 약혼한 사이였습니다.

천사가 마리아에게 말했습니다. "기뻐하라! 네가 하나님께 은혜를 입었다." 마리아는 너무 무섭고 혼란스러웠습니다. '왜 하나님이 내게 은혜를 주셨을까?'

천사는 마리아에게 무서워하지 말라고 했습니다. 그러고는 마리아가 아주 특별한 아이를 임신하게 될 것이라고 말했습니다. 아이의 이름은 예수이며, 이 이름은 '여호와는 구원이시다'라는 뜻입니다.

마리아가 천사에게 물었습니다. "아직 결혼하지 않은 저에게 어떻게 이런 일이 일어날 수 있나요?" 천사가 대답했습니다. "하나님이 아이의 아버지가 되실 것이다. 태어날 아이는 하나님의 아들이라고 불릴 것이다. 하나님께는 불가능한 일이 전혀 없다!"

마리아가 대답했습니다. "말씀대로 내게 이루어지기를 원합니다." 그리고 천사가 떠났습니다. 마리아는 서둘러 엘리사벳의 집으로 갔습니다. 마리아가 도착하자 엘리사벳의 배 속에 있던 아이가 기뻐 뛰놀기 시작했습니다! 마리아는 하나님의 위대하심을 찬양했습니다. 마리아는 하나님이 예수님을 통해서 이루실 놀라운 일들로 인해 모든 후손이 자기를 보고 복 있다고 말할 것이라고 노래했습니다. 마리아는 엘리사벳의 집에서 3달 동안 머문 후 집으로 돌아갔습니다.

요셉은 마리아가 임신한 아이가 자신의 아이가 아니라는 것을 알았습니다. 요셉은 조용히 약혼을 취소하려고 했습니다. 요셉이 이런 생각을 하고 있을 때 하나님의 천사가 그의 꿈에 나타났습니다.

"요셉아!" 천사가 말했습니다. "두려워하지 말고 마리아를 네 아내로 맞아라. 마리아는 성령으로 말미암아 아이를 가진 것이다. 마리아가 아들을 낳으면 이름을 '예수'라고 하여라. 그가 하나님의 백성을 죄에서 구원할 것이다!"

모든 일이 선지자가 예언한 대로 이루어지고 있었습니다. "보라 처녀가 잉태하여 아기를 낳을 것이니 그를 '임마누엘'이라 부를 것이다."

잠에서 깨어난 요셉은 천사가 명령한 대로 했습니다. 요셉은 마리아와 결혼했고, 마리아가 아들을 낳자 이름을 '예수'라고 지었습니다.

가스펠 링크

오실 메시아에 관한 이사야와 선지자들의 예언이 아기 예수님을 통해 이루어졌습니다. 예수님은 예수님의 삶과 죽음, 부활을 통해 하나님이 창세 전부터 계획하셨던 구원의 계획을 이루셨습니다.

나만의 기록장

지금까지 들은 소식 중 가장 놀라운 소식은 무엇인가요? 그 소식을 들었을 때 어떤 기분이었나요? 그림이나 글로 표현해 보세요.

기도 하나님, 마리아와 요셉을 선택해 믿음을 주시고, 예수님을 이 세상에 보내 주셔서 감사합니다. 불가능한 일이 없으신 하나님께서 구약의 예언을 이루신 것을 보며 우리도 예수님을 통해 주신 구원의 약속을 끝까지 붙잡도록 도와주세요. 언제나 우리와 함께하시는 예수님의 사랑을 믿고 그 사랑을 흘려보낼 수 있도록 인도해 주세요. 예수님의 이름으로 기도합니다. 아멘.

가족과 함께해요
- 여러분이 마리아와 요셉이라면 기분이 어떨까요?
- 이 땅에서 예수님의 가족이 된다는 것은 힘든 일이었을까요, 쉬운 일이었을까요?
- 예수님이 이 땅에 가족이 있다는 것이 왜 중요할까요?

천사의 메시지

어머나! 천사가 마리아에게 전한 메시지를 받아 적었는데 모음이 다 사라져 버렸어요! 급한 대로 'ㅐ'를 넣었더니 더 복잡해졌어요.
각 글자에 알맞는 모음을 넣어 보세요. 이야기 성경(7쪽)에 나오는 천사의 말을 참고하세요.

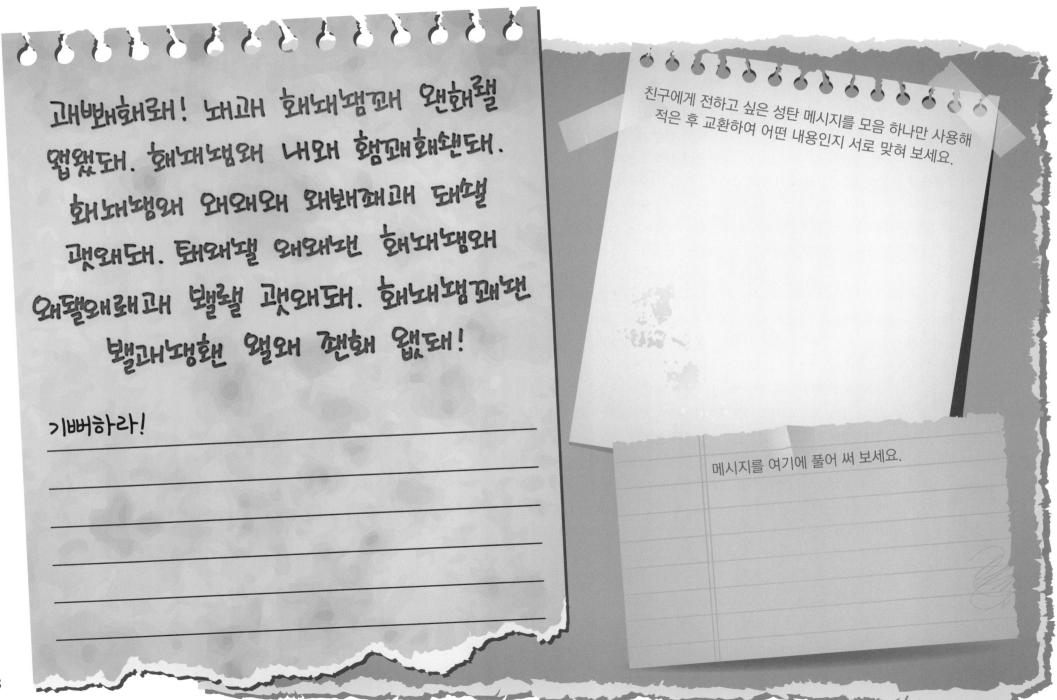

기뻐하라!

친구에게 전하고 싶은 성탄 메시지를 모음 하나만 사용해
적은 후 교환하여 어떤 내용인지 서로 맞혀 보세요.

메시지를 여기에 풀어 써 보세요.

2B 주고받은 메시지

보기 에 있는 천사들과 마리아, 요셉을 찾아 ○표 해 보세요.
각 인물이 들고 있는 글자를 빈칸에 넣어 문장을 완성해 보세요.

⬚⬚님이 ⬚⬚님의 ⬚⬚로 마리아와 요셉을 ⬚⬚하셨어요.

9

성탄 장식 만들기 2

천사는 마리아에게 나타나 엄청난 예언을 했어요. 그 내용은 무엇이었나요? 성탄 장식을 만들며 그 내용을 기억해 보아요.

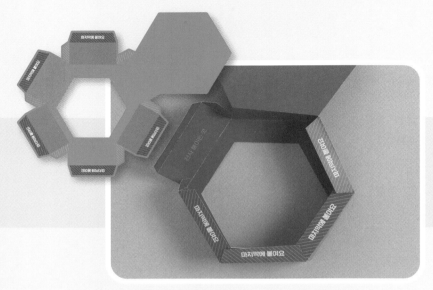

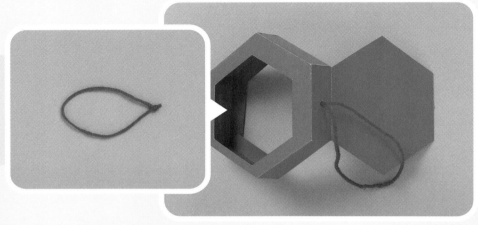

① 도형 도안(41쪽)을 떼어 선대로 접고 도형의 옆면을 이어붙인다. 뒷면은 붙이지 않는다.

② 20 cm 길이의 끈을 반으로 접어 끝부분을 묶는다. 도형의 구멍에 매듭의 반대쪽을 안에서 밖으로 통과시켜 고리를 만든다.

③ '마리아', '천사', '아기 예수님' 도안(37쪽)을 떼어 풀칠하는 면을 밖으로 접은 후 도형 안쪽에 순서대로 표시된 곳에 붙인다.

④ 뒷면을 붙여 장식을 완성한다.

3 예수님이 태어나셨어요

눅 2:1~20

주제 예수님은 하나님이 약속하신 메시아로 오셨어요.

마리아가 예수님을 임신했을 때, 로마 황제는 모든 사람에게 *호적 등록을 하라고 명령했습니다. 다윗왕의 후손이었던 요셉은 마리아와 함께 나사렛의 집을 떠나 다윗의 동네인 베들레헴으로 향했습니다.

베들레헴에 머무는 동안 마리아가 아이를 낳을 때가 다가왔습니다. 마리아와 요셉은 아이를 낳을 수 있는 안전한 장소를 찾았지만 머물 곳이 없었습니다.

할 수 없이 마리아와 요셉은 가축들이 지내는 장소에 묵게 되었고, 마리아는 그곳에서 아이를 낳았습니다. 마리아는 아기 예수님을 포근한 천으로 감싼 뒤 구유에 뉘었습니다.

한편 목자들이 근처 들판에서 양 떼를 지키고 있었습니다. 그때 하나님의 천사가 목자들에게 나타났습니다. 밝은 빛이 그들을 비추었습니다. 목자들은 겁이 났습니다! 천사가 말했습니다. "두려워하지 마라! 내가 모든 백성에게 큰 기쁨이 될 좋은 소식을 너희에게 알려 준다. 오늘 구주이신 주 그리스도가 다윗의 동네에서 태어나셨다."

천사는 또 "너희는 천에 싸여 구유에 누워 있는 아기를 볼 것이다"라고 말했습니다.

목자들은 곧바로 아기 예수님을 찾아 베들레헴으로 향했습니다. 이윽고 마리아와 요셉 그리고 구유에 누워 있는 아기를 발견했습니다. 목자들은 사람들에게 아기 예수님에 관해 들은 것을 전했습니다.

목자들은 하나님을 찬양하며 돌아갔습니다. 천사가 그들에게 말한 모든 일이 이루어졌기 때문입니다.

주십니다.

*호적 등록 : 인구 조사를 위해 가족별로 이름, 생년월일 등을 기록하는 것

가스펠 링크

아기 예수님의 탄생은 기쁜 소식입니다! 예수님은 평범한 아기가 아니셨습니다. 하늘에서 이 땅으로 오신 하나님의 아들이셨습니다. 예수님은 사람들을 죄에서 구원하시고 그들의 왕이 되기 위해 이 땅에 오셨습니다.

나만의 기록장

하나님께 또는 다른 사람들에게 저지른 잘못을 고백하는 기도를 써 보세요. 예수님을 보내셔서 우리를 죄에서 구원해 주신 것을 감사하는 기도도 써 보세요.

기도
우리를 구원하겠다는 약속을 이루시는 하나님을 찬양합니다. 하나님의 넘치는 사랑에 감사드립니다. 예수님이 이 땅에 오신 일이 세상에서 가장 기쁜 일임을 알고 이 기쁜 소식을 사람들에게 전하게 해 주세요. 그리고 누구보다 예수님을 사랑할 수 있는 마음을 주세요. 우리를 죄에서 구원하신 예수님의 이름으로 기도합니다. 아멘.

가족과 함께해요
• 예수님의 탄생은 어떤 점이 특별한가요?
• 사람들은 메시아가 이런 모습으로 태어날 것이라고 기대했을까요?
• 예수님의 가족이 된 여러분은 예수님의 탄생을 어떻게 축하하나요?

예수님은 왜?

예수님이 태어나셨어요! 예수님은 왜 사람으로 이 땅에 오셨을까요? 각 그림이 '🐑-🛏-✦-👶' 순서대로 나열된(가로, 세로, 대각선) 9곳을 찾아 빗금(▨)으로 칠해 보세요. 나타난 글자를 빈칸에 넣어 '성경의 초점'을 완성해 보세요.

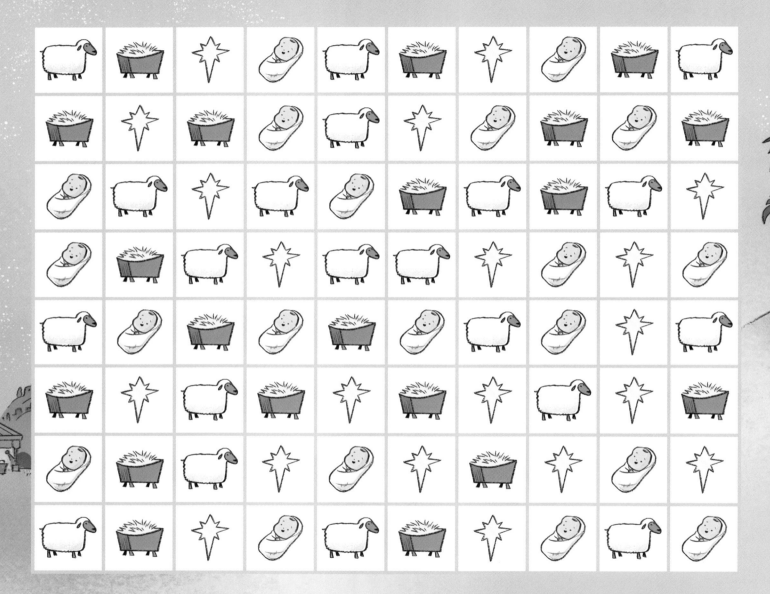

예수님이 이 땅에 오신 이유는 무엇인가요?

예수님은 우리를 [ ]에서 구원하기 위해 이 땅에 오셨어요.

3B 구유에 누우신 예수님

33~35쪽의 도안을 떼어 순서대로 조립해 구유에 누우신 예수님을 완성해 보세요.

① 예수님 얼굴과 몸을 선대로 접고 옆면을 이어 붙인다.

② 예수님의 얼굴과 몸의 풀칠하는 면을 맞붙인다.

③ 짚 더미 가장자리를 펜을 이용해 바깥쪽으로 둥글게 만다.

④ 구유를 선대로 접고 풀칠한다.

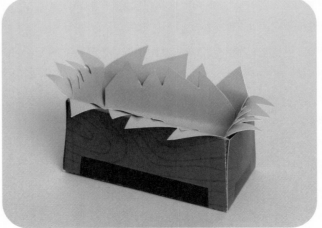

⑤ 짚 더미의 풀칠하는 부분을 구유 안쪽 표시된 위치에 붙인다.

⑥ 예수님을 구유에 눕혀 완성한다.

성탄 장식 만들기 3

하나님이 약속하신 진정한 왕이 태어나셨어요. 그 장면을 상상할 수 있나요? 성탄 장식을 만들며 기억해 보아요.

① 도형 도안(43쪽)을 떼어 선대로 접어 도형을 만든다.
뒷면은 붙이지 않고 남겨둔다.

② '마리아', '천사', '아기 예수님' 도안(37쪽)을 떼어 풀칠하는 면을 밖으로 접은 후
도형 안쪽에 '양', '아기 예수', '마리아와 요셉' 도안을 순서대로 붙인다.

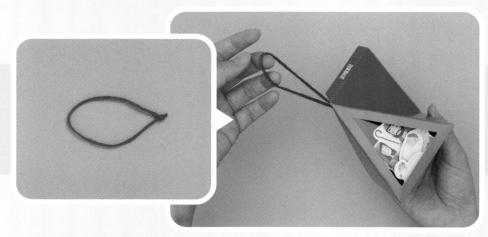

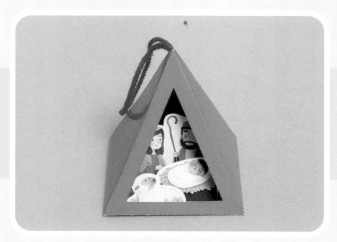

③ 20cm 길이의 끈을 반으로 접어 끝부분을 묶는다. 도형의 꼭지점에
매듭의 반대쪽을 안에서 밖으로 끼워 고리를 만든다.

④ 뒷면을 붙여 장식을 완성한다.

4 동방 박사들이 왕께 경배했어요

주제 동방 박사들이 왕이신 예수님께 경배했어요.

오래전에 하나님은 하나님의 백성을 대적에게서 구원할 왕을 보내겠다고 약속하셨습니다. 예수님은 헤롯이 유대 지역을 다스리는 왕이었을 때 베들레헴에서 태어나셨습니다. 과연 헤롯이 하나님이 약속하신 왕이었을까요? 아니었습니다!

하나님은 동방 박사들에게 한 별을 보내 예수님의 탄생을 알려 주셨습니다. 그들은 헤롯왕을 찾아가 말했습니다. "유대인의 왕으로 태어나신 분이 어디 계십니까? 우리가 동방에서 그의 별을 보고 경배하러 왔습니다."

'새로운 왕이라니? 나 헤롯이 왕인데!' 헤롯은 화가 났습니다. 헤롯은 동방 박사들에게 말했습니다. "가서 샅샅이 뒤져 그 아기를 꼭 찾으시오. 그리고 찾거든 나에게도 알려 주시오. 나도 가서 아기에게 경배하도록 말이요." 그러나 헤롯은 새로운 왕을 경배할 생각이 없었습니다. 오히려 죽이고 싶어 했습니다!

동방 박사들은 별을 따라 예수님에게로 향했습니다. 동방 박사들은 엎드려 예수님을 경배했습니다. 그들은 아기 예수님께 예물을 드렸습니다. 이제 돌아갈 때가 된 동방 박사들은 꿈에서 헤롯에게 돌아가지 말라는 말씀을 들었습니다. 그래서 다른 길로 돌아갔습니다.

동방 박사들이 가고 난 후 천사가 요셉의 꿈에 나타나 말했습니다. "일어나라! 헤롯이 아기를 찾아 죽이려 하니, 일어나 아기와 그 어머니를 데리고 이집트로 피하여라." 요셉은 한밤중에 마리아와 아기 예수님을 데리고 이집트로 향했습니다.

헤롯은 베들레헴에 있는 두 살 아래 남자아이를 모두 죽였습니다. 아기 예수님을 확실히 죽이기 위해서였습니다. 헤롯은 예수님과 예수님의 가족이 이미 다른 곳으로 피했다는 사실을 알지 못했습니다.

얼마 후, 헤롯이 죽자 천사가 요셉의 꿈에 다시 나타나 말했습니다. 요셉은 천사가 말한 대로 마리아와 예수님을 데리고 이스라엘로 향했습니다.

가스펠 링크

동방 박사들은 왕이신 예수님께 경배했습니다. 예수님은 사무엘하 7장에 기록된 하나님이 다윗왕에게 하신 약속처럼 우리를 영원히 다스리실 왕입니다. 예수님은 우리의 모든 경배를 받기 합당한 진정한 왕이십니다.

나만의 기록장

예수님이 이 땅에 오신 것을 모르는 사람이 있나요? 그 사람이 예수님이 필요하다는 것을 알게 도와달라는 기도를 적어 보세요.
예수님은 우리를 죄에서 구원하기 위해 이 땅에 오셨어요!

기도
하나님, 이 땅에 오신 왕을 경배한 동방 박사들처럼 우리도 예수님을 경배하기 원합니다. 교회에서 친구들과 함께 예수님을 경배하게 해 주셔서 감사합니다. 어디에 있든지 예수님이 우리를 위해 이 땅에 오신 이 기쁜 소식을 나누며 살도록 도와주세요. 예수님의 이름으로 기도합니다. 아멘.

가족과 함께해요
• 동방 박사들은 어떻게 예수님의 탄생에 관해 알게 되었나요? (마 2:1~2 참고)
• 동방 박사들은 어떻게 예수님을 경배했나요?
• 여러분의 가정에서는 어떻게 예수님을 경배할 수 있을까요?

4A 별 따라 길 따라 하나님의 인도하심 따라

동박 박사들이 아기 예수님에게 가는 길을 직접 그려 미로를 만들어 보세요. 단, 미로는 동방 박사들을 이끄는 별을 모두 지나가야 해요.
미로를 완성하면, 친구와 맞바꾸어 누가 더 빨리 미로를 통과하는지 게임을 해 보세요.

그래서, 그런데!

이번 주 성경 이야기를 읽고, 제시된 접속사를 따라 빈칸에 만화를 그려 보세요. 45쪽의 말풍선 스티커를 떼어 붙이고 그 안에 대사를 써 보세요.

어느 날 동방 박사들이 한 별을 발견했어요.	그래서 그들은	얼마 후 그들은 헤롯왕을 만났어요.
그들이 말했어요.	그러자 / 그러고는	
그런데!	그래서	예수님은

우리에게 오신 그 이유

빈칸에 있는 조각을 그림에서 찾아 보세요. 찾은 자모음을 빈칸에 넣어 요한일서 4장 9절을 완성하세요.

하나님의 ☐☐☐☐☐이 ☐☐☐☐에게 이렇게 나타난 바 되었으니

하나님이 자기의 ☐☐☐☐☐☐☐☐☐를

세상에 보내심은 그로 말미암아 ☐☐☐☐를 살리려 하심이라

요일 4:9

5 예수님이 예루살렘에 들어가셨어요

마 21:1~17;
막 11:1~11;
눅 19:28~44;
요 12:12~19

나만의 기록장

여러분이 살고 있는 동네에 예수님이 오신다면 여러분은 어떻게 반응할지 그림으로 그리거나 적어 보세요.

주제 사람들은 예루살렘에 오신 예수님을 왕으로 맞이했어요.

이스라엘 백성의 명절인 유월절이 돌아왔습니다. 많은 사람이 예루살렘에 모였습니다. 예수님과 제자들도 예루살렘으로 갔습니다. 베다니에 이르렀을 때, 예수님이 제자 2명을 마을로 보내며 말씀하셨습니다. "마을에 가면 아무도 탄 적이 없는 새끼 나귀가 매여 있을 것이다. 그 나귀를 풀어서 여기로 끌고 와라."

제자들은 예수님이 말씀하신 대로 했습니다. 제자들은 겉옷을 나귀의 등에 펴서 예수님이 타시도록 했습니다. 사람들은 겉옷을 벗어 길에 폈고 종려나무 가지를 꺾어 길에 깔기도 했습니다.

사람들은 하나님이 행하신 놀라운 기적들을 큰 소리로 찬양했습니다. "복되도다. 주의 이름으로 오시는 왕이여! 하늘에는 평화, 지극히 높은 곳에서는 영광, 호산나!" 종교 지도자들은 예수님에게 "당신의 제자들을 꾸짖으시오!"라고 말했습니다. 그러자 예수님이 대답하셨습니다. "만일 이 사람들이 가만히 있으면 돌들이라도 외칠 것이다!"

다음 날 예루살렘 성전에 올라가신 예수님은 물건을 사고파는 사람들을 모두 내쫓으셨습니다. 예수님은 이사야의 글을 인용해 말씀하셨습니다. "성경에 '내 집은 모든 민족이 기도하는 집이라고 불릴 것이다'라고 쓰여 있지 않느냐? 그런데 너희들은 강도의 소굴로 만들었구나!" 예수님은 예루살렘 성전에 계시면서 앞을 보지 못하는 사람들과 걸을 수 없는 사람들을 고쳐 주셨습니다.

종교 지도자들은 예수님이 행하시는 기적을 보았고, 아이들이 "다윗의 자손께 호산나! 왕이 오셨다!"라고 찬양하는 소리를 들었습니다. 그들은 화가 나서 예수님에게 "이 아이들이 무슨 말을 하는지 듣고 있소?"라고 말했습니다.

예수님이 대답하셨습니다. "그렇다. 시편에 '주께서 어린 아이들과 젖먹이들의 입에서 찬양이 나오게 하셨다'라고 한 말씀을 읽어보지 못했느냐?" 예수님과 제자들은 그들을 떠나 베다니로 가서 밤을 지냈습니다.

가스펠 링크

예수님이 예루살렘에 들어가실 때 사람들이 예수님을 왕으로 맞이했습니다. 예수님은 스가랴 선지자가 전한 메시아였습니다. "보아라. 네 왕이 네게로 오신다. 그는 의로우시며 구원을 베푸시는 분이다. 그는 겸손하셔서 나귀를 타시니 어린 새끼 나귀를 타고 오신다"(슥 9:9). 언젠가 흰말을 타신 예수님이 모든 것을 다스리는 왕으로 오실 것입니다(계 19:11 참조).

기도 하나님, 예수님을 이 땅에 보내 주셔서 감사합니다. 예수님은 우리가 상상한 어떤 왕보다 훌륭하신 분입니다. 예수님이 우리를 위해 하신 일로 말미암아 우리가 하나님의 나라에 들어가게 되어 감사합니다. 하나님의 계획이 그 어떤 계획보다 더 좋다는 것을 언제나 기억하도록 도와주세요. 예수님의 이름으로 기도합니다. 아멘.

가족과 함께해요
· 사람들은 예수님이 어떤 왕이기를 기대했나요?
· 예수님은 어떤 왕이신가요?

함께하지 않을래?

아래 방법으로 부활절 초대장을 만들어 보세요. 빈칸에 메시지를 적어 친구에게 전해 보세요.

① 자르는 선을 따라 카드를 오리고 반으로 접었다 편다.

② '부활하신 예수님'(35쪽)을 떼어 설명대로 접는다.

③ '부활하신 예수님'을 카드 안쪽 풀칠 표시에 붙여 팝업을 완성한다.

④ 카드 뒷면에 부활의 소식을 적어 복음이 필요한 사람에게 전달한다.

십자가와 부활

예수님이 우리를 위해
죽으셨어요

하지만 예수님은
부활하셨어요!
성경에 기록된 대로
말이에요!

누가 말했을까요?

미로를 따라가 누가 한 말인지 빈칸에 써 보세요.

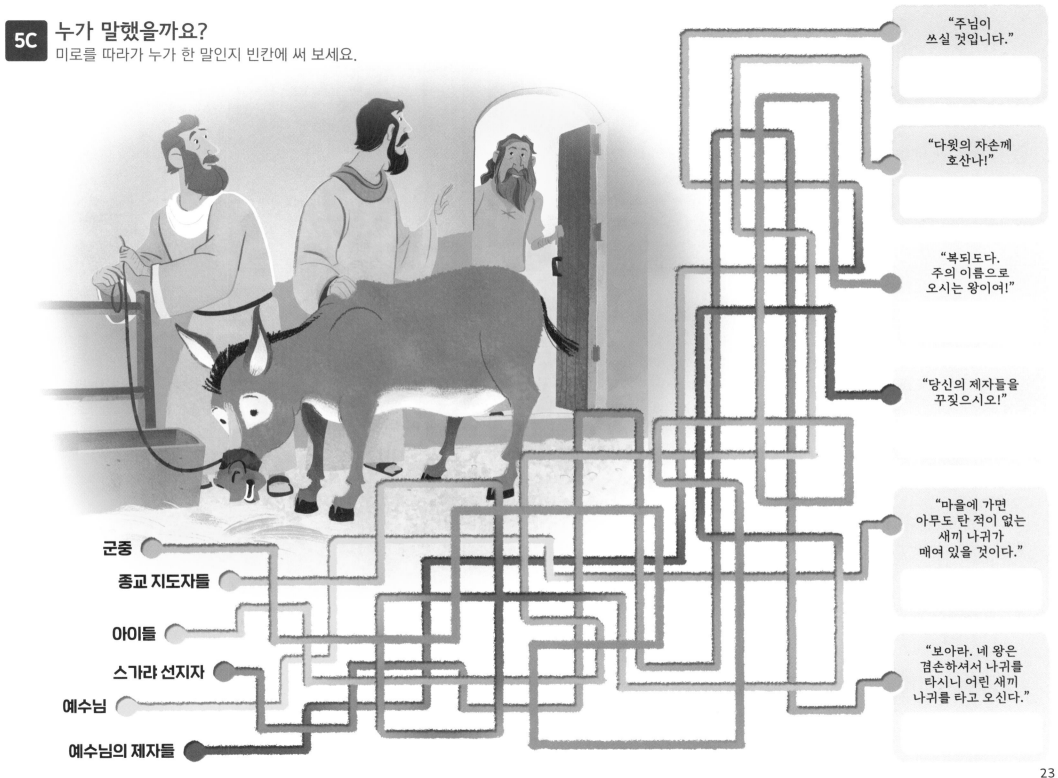

"주님이
쓰실 것입니다."

"다윗의 자손께
호산나!"

"복되도다.
주의 이름으로
오시는 왕이여!"

"당신의 제자들을
꾸짖으시오!"

"마을에 가면
아무도 탄 적이 없는
새끼 나귀가
매여 있을 것이다."

"보아라. 네 왕은
겸손하셔서 나귀를
타시니 어린 새끼
나귀를 타고 오신다."

군중

종교 지도자들

아이들

스가랴 선지자

예수님

예수님의 제자들

예수님이 부활하셨어요

마 26:36~28:10;
요 18:1~20:18

주제 예수님은 사람들을 죄에서 구원하기 위해 십자가에서 죽으시고 다시 살아나셨어요.

예수님은 하나님께 기도하셨습니다. "나의 아버지! 하실 수 있다면 이 일이 제게서 지나가게 해 주십시오. 하지만 아버지의 뜻대로 하시길 원합니다."

그때, 유다와 큰 무리가 나타났습니다. 사람들이 예수님을 붙잡았습니다. 예수님은 대제사장에게 끌려가셨습니다. 종교 지도자들은 예수님을 죽일 만한 이유를 찾으려고 애썼지만 찾을 수 없었습니다. 대제사장이 예수님에게 "네가 그리스도(메시아), 곧 하나님의 아들이냐"라고 물었습니다. 예수님이 대답하셨습니다. "그렇다, 네 말이 옳다." 그러자 대제사장이 말했습니다. "아하! 이자가 하나님을 모독하는구나! 이 사람은 죽어야 한다!"

이튿날 그들은 예수님을 빌라도 총독에게 데려갔습니다. 빌라도가 예수님에게 물었습니다. "네가 유대인의 왕이냐?" 예수님은 "당신 말이 맞소"라고 대답하셨습니다.

빌라도가 사람들에게 물었습니다. "내가 예수를 어떻게 해야 하겠느냐?" 사람들은 "십자가에 못 박으시오!"라고 외쳤습니다.

군인들은 예수님에게 자주색 옷을 입히고 가시로 왕관을 만들어 예수님의 머리에 씌웠습니다. 그러고는 예수님을 죽이려고 끌고 갔습니다. 군인들은 예수님을 십자가에 못 박았습니다. 예수님의 양옆에는 강도 2명이 십자가에 달렸습니다.

어둠이 땅을 덮었습니다. 예수님이 큰 소리로 외치셨습니다. "나의 하나님, 나의 하나님, 어찌하여 나를 버리셨습니까?" 예수님은 숨을 거두셨습니다.

예수님은 무덤에 장사되셨습니다. 무덤 입구는 큰 돌로 막혀 있어서 아무도 예수님의 시신을 가져갈 수 없었습니다.

3일째 되는 날에 막달라 마리아와 또 다른 마리아가 무덤을 찾아갔습니다. 갑자기 지진이 일어나더니 하나님의 천사가 돌을 굴려내고 그 위에 앉았습니다.

천사가 여인들에게 말했습니다. "두려워하지 마라! 예수님은 여기 계시지 않는다. 예수님은 말씀대로 살아나셨다. 그리고 갈릴리로 향하고 계신다."

여인들은 제자들에게 이 기쁜 소식을 전하기 위해 서둘러 달려갔습니다. 그때 예수님이 나타나 말씀하셨습니다. "평안하냐? 가서 내 형제들에게 갈릴리로 가라고 전하여라."

가스펠 링크

예수님의 십자가와 부활은 복음의 핵심입니다. 죄로 인해 죽을 수밖에 없는 우리를 위해 예수님이 대신 피 흘려 죽으셨습니다. 예수님은 우리 죄를 용서하기 위해 단번에 드려진 희생 제물입니다. 하나님은 예수님의 희생을 기뻐하셨고 예수님을 죽음에서 다시 살리셔서 모든 창조물을 다스리게 하셨습니다. 우리는 예수님을 통해서만 용서받습니다(행 4:12 참조).

나만의 기록장

예수님의 죽음과 부활에 관해 이야기를 전할 사람이 있나요?
그 사람의 이름을 적고 그를 위한 기도를 적어 보세요.
이번 주에 예수님이 살아나셨다는 소식을 직접 전해 보세요.

기도
하나님, 예수님의 부활하심을 기뻐합니다. 우리를 죄에서 구하기 위해 아들이신 예수님을 보내 주셔서 감사합니다. 이번 주 이 복음의 소식을 기억하고 하나님을 더 사랑하도록 우리의 마음을 만져 주세요. 예수님의 이름으로 기도합니다. 아멘.

가족과 함께해요
• 사람들은 왜 예수님을 죽이려고 했나요?
• 예수님이 체포당하고 죽으셨을 때 제자들은 어떤 기분이었을까요?
• 다시 살아나신 예수님을 만났을 때 제자들은 어떤 기분이었을까요?

굴려진 돌

45쪽 스티커를 숫자에 맞게 붙여 그림을 완성하세요.

함께 모여요!
예수님의 부활을 함께 기뻐하고 기념할 모임을 만들 거예요! 어떤 모임인지 설명하는 내용을 적어 보세요.

모임 이름

리더

참가자

누가 함께하면 좋을지
이름을 적어 보세요.

상징 자유롭게 디자인해 보세요.

가입 규칙 예) 예수님을 사랑한다고 서명해야 한다.

활동 규칙 예) 회원을 만날 때마다 "예나구셨(예수님이 나를 구원하셨다)"이라고 암호를 외쳐야 한다.

6C

나를 위한 하나님의 멋진 계획

복음은 무엇인가요? 질문에 답하며 복음에 대해 알아보세요.

마인드맵으로 하나님이 창조하시고 다스리시는 것에는 무엇이 있을지 적어 보세요.

창조
- 우주
- 사람
- 곤충

창조주 하나님이 다스리셔

무엇이 하나님과 나를 멀어지게 하나요? 49쪽의 스티커를 붙여 확인해 보세요.

붙이는 곳

죄

우리는 죄를 지었어

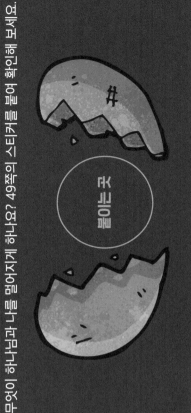

요한복음 3장 16절을 완성해 하나님의 사랑을 확인해 보세요.

하나님이 세상을 이처럼 ☐☐ 하사 ☐☐☐ 를 주셨으니 이는 그를 ☐☐ 하지 않고 ☐☐ 을 얻게 하려 하심이라

하나님이 구원하셔

예수님으로부터 출발해 우리에게 주신 선물을 찾아 ○표 해 보세요.

생명

출발

심판

예수님이 생명을 주셨어!

아래 질문에 대답한 후, 예수님을 믿는다면 사인을 해 보세요.

예수님이 너를 사랑하시는 것을 믿니?

예수님이 너의 죄를 씻어 주신 것을 믿니?

예수님을 너의 마음에 받아들이겠니?

예수님, 내 마음에 오세요!

서명 _____ (이)

복음 초청 활용법

① —— 선을 지은 후 종이를 한장씩 밖으로 접는다.

② 접은 면에 있는 성경 구절을 읽어 준다.
③ 접힌 앞면 하나씩 펼쳐 그림을 보여 주며 뒷면의 내용을 전한다.
④ 마지막 3가지 질문으로 대화를 나누어 본다.

요한계시록 4장 11절

우리 주 하나님이여
영광과 존귀와 권능을
받으시는 것이 합당하오니
주께서 만물을 지으신지라
만물이 주의 뜻대로 있었고
또 지으심을 받았나이다 하더라

하나님은 세상을 만드셨어.
하늘, 땅, 나무, 새…
그리고 우리(너)도 하나님이 만드셨지.
하나님이 모든 것을 다스리셔.

로마서 6장 23절

죄의 삯은 사망이요
하나님의 은사는
그리스도 예수 우리 주 안에 있는
영생이니라

이담과 하와부터 모든 사람은 하나님께 불순종했어.
성경은 이것을 죄라고 해. 죄는 우리와 하나님을 갈라놓아.
그리고 하나님은 거룩하신 분이기 때문에 죄가 가까이 있을 수 없어.
하나님은 죄를 죽음으로 다스리셔.
죄를 짓고 하나님과 멀어져 있는 사람들은 결국 죽음 수밖에 없어.

요한복음 3장 16절

하나님이 세상을 이처럼 사랑하사
독생자를 주셨으니
이는 그를 믿는 자마다 멸망하지 않고
영생을 얻게 하려 하심이라

우리는 아무리 노력해도 죄의 문제를 해결할 수 없어.
그래서 하나님은 아들 예수님을 보내 우리를 죄에서 구해주셨어.
우리 죄의 문제를 완벽히 해결해 주셨지.
오직 예수님만이 우리를 죄에서 구하실 수 있어!

고린도후서 5장 21절

하나님이 죄를 알지도 못하신 이를
우리를 대신하여 죄로 삼으신 것은
우리로 하여금 그 안에서
하나님의 의가 되게 하려 하심이라

예수님은 죄가 없는 분이시지만 우리의 죄를 대신 지고 십자가에서 죽으셨고,
다시 살아나셨어. 예수님이 우리를 위해 자신의 생명을 버리셨기 때문에
우리는 생명을 얻었고, 하나님의 영원한 가족으로 살 수 있게 되었어.
이것이 하나님이 우리에게 주신 최고의 선물이야!

로마서 10장 9~10절

네가 만일 네 입으로
예수를 주로 시인하며
또 하나님께서 그를 죽은 자 가운데서
살리신 것을 네 마음에 믿으면
구원을 받으리라 사람이 마음으로 믿어
의에 이르고 입으로 시인하여
구원에 이르느니라

우리의 죄를 위해 십자가에서 죽으시고 부활하신 예수님의 믿을 때,
우리는 죄의 용서를 받고 구원을 받아.
하나님은 너를 사랑하셔.
예수님을 믿고 마음으로 하나님의 지녀가 돼!
이것이 가장 좋은 소식, 복음이야!

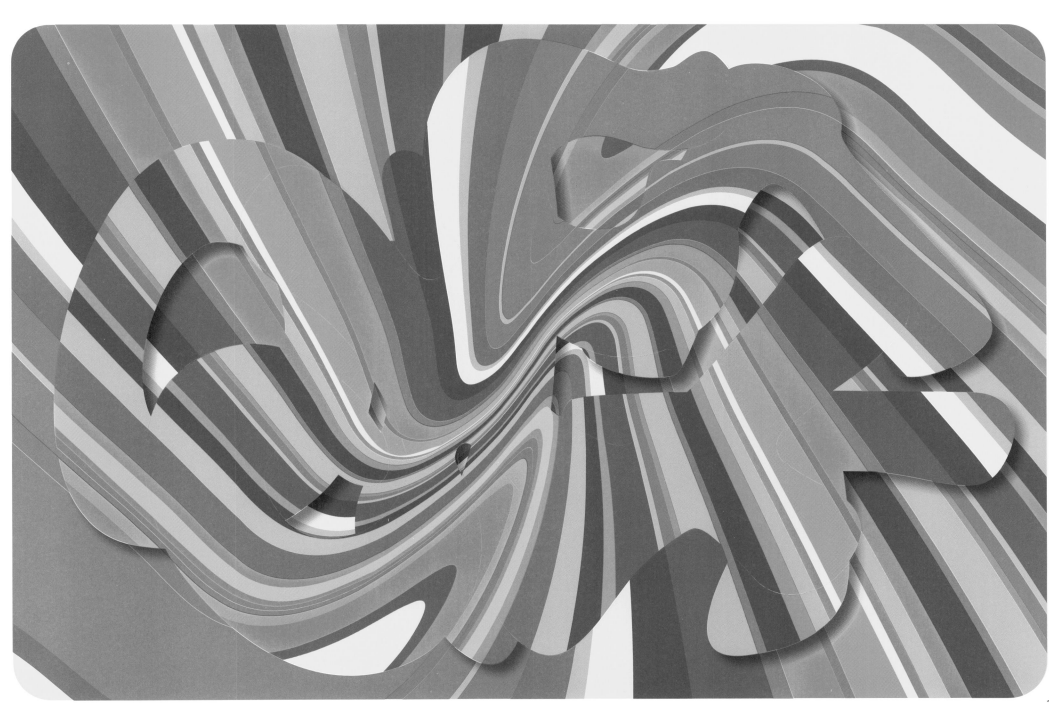

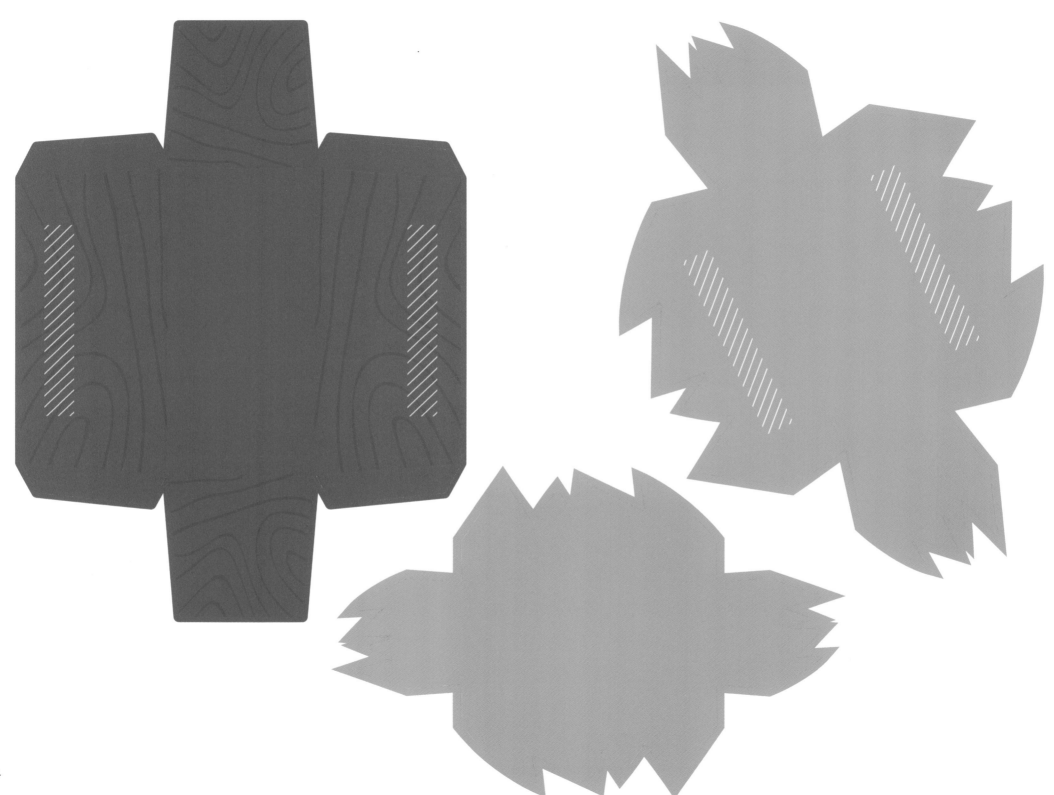

얼굴이랑
붙여요

몸통이랑
붙여요

순서대로
접으세요.

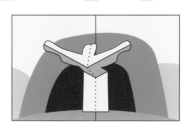

카드의 풀칠 표시에
붙이세요.

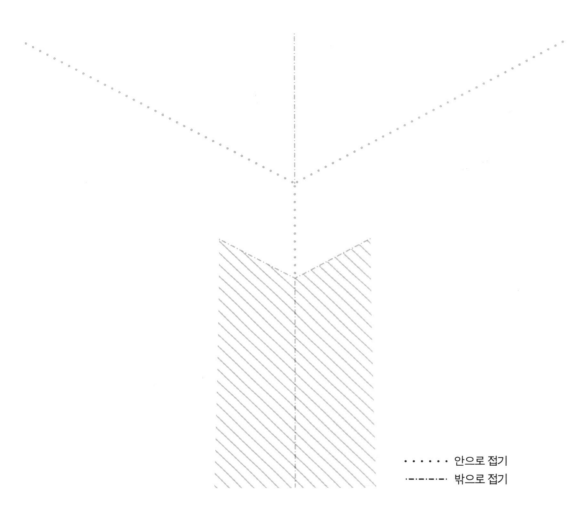

•••••• 안으로 접기
ᐧ—ᐧ—ᐧ—ᐧ 밖으로 접기

이사야

아기 예수님

사자와 어린양

부활하신 왕

✝에 붙여요

2C '성탄 장식 만들기 2'
도안

아기 예수님

마리아

천사

3C '성탄 장식 만들기 3'
도안

아기 예수님

어린양

마리아와 요셉

1A ‘성탄 장식 만들기 1’ 도안

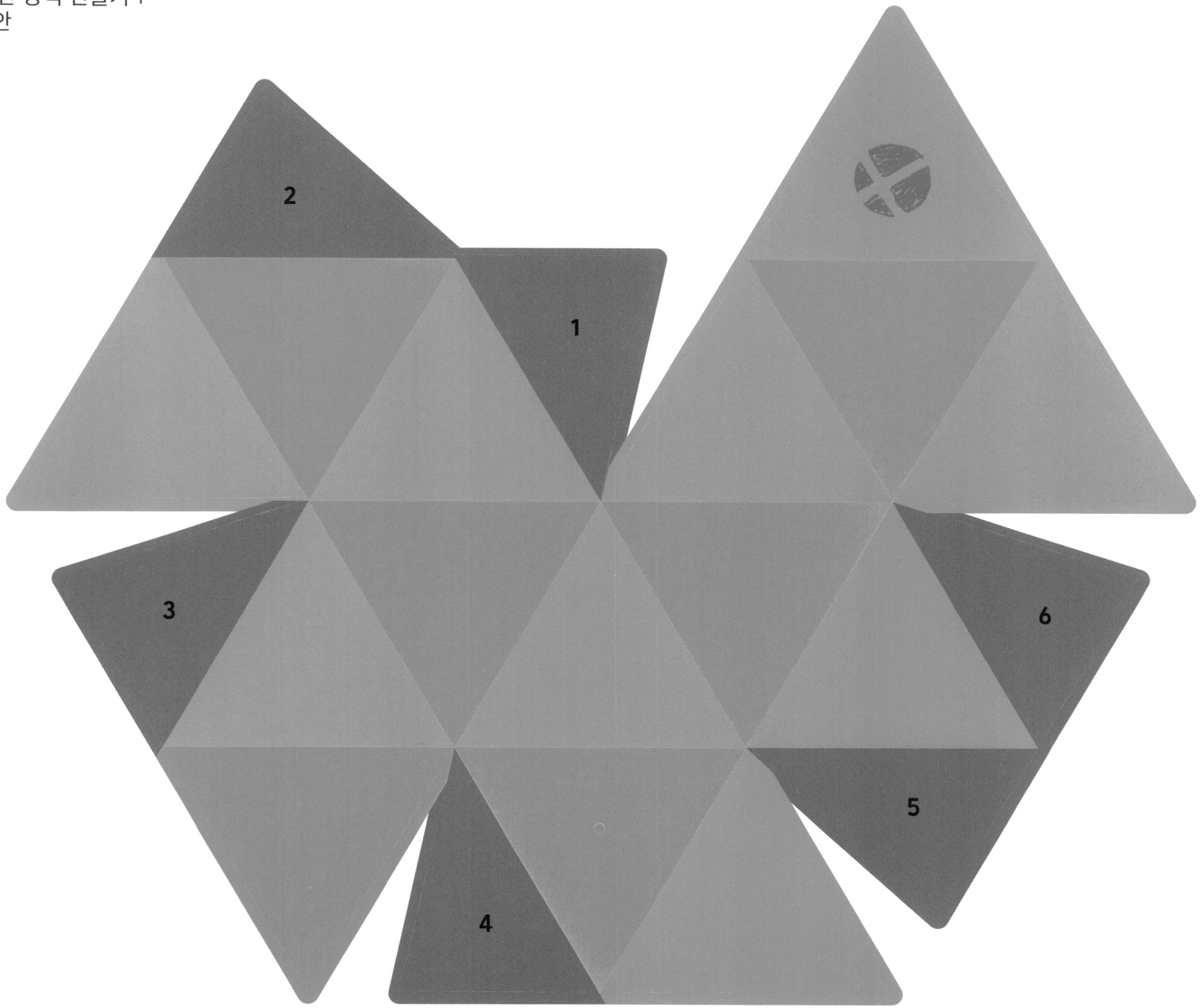

2

1

6   3

5   4

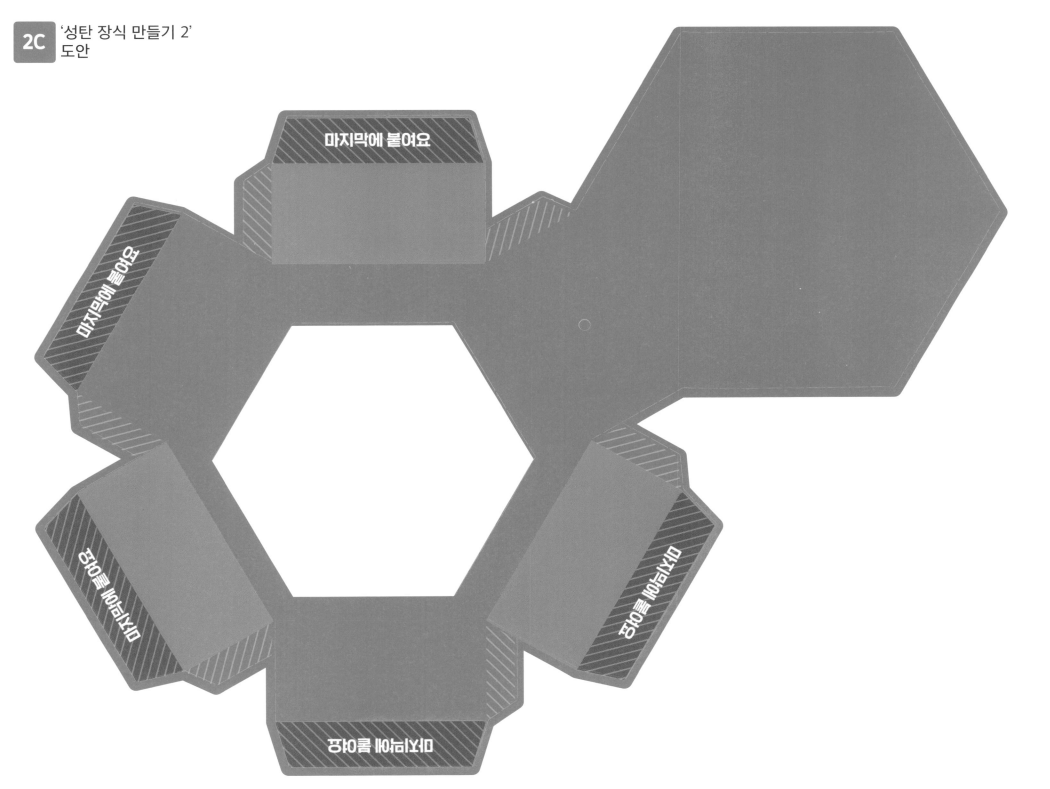

아기 붙이는 곳

전시회 흐르는 곳

머리아 붙이는 곳

마지막에 붙여요

마지막에 붙여요

마지막에 붙여요